やさしく編めて
きれいに見える
ニットのふだん着

michiyo

Contents

フォークロアポンチョ
page 6/38

Vネックプルオーバー
page 8/41

レーシーソックス
page 10/44

1枚編みの
ショートプルオーバー
page 11/46

裾がぎゅっとしている
カーディガン
page 12/48

フリルの
ノースリーブプルオーバー
page 15/50

羽根ピアス
page 16,17/40

リブタンクトップ
page 18/54

日傘
page 19/52

リーフ柄のチュニック
page 20/56

シンプルベスト
page 22/58

ペンシルスカート
page 24/60

フーディプルオーバー
page 26/62

引抜き編みトートバッグ
page 27/57

ゴム編み風クロッシェの帽子A
page 29/66

フレアトップス
page 30/68

ゴム編み風クロッシェの帽子B
page 31/66

2way リボンカーディガン
page 32/70

スカラッププルオーバー
page 34/74

七宝編みバッグ
page 35/72

ショール
page 36/75

この本で使用している糸　page 37

編み物の基礎　page 76

編み地見本　page 83

この本の作品はすべて、ハマナカの糸と編み針を使用しています。
商品に関するお問合せは、84ページをごらんください。

いつもいつも、シーズンは次から次へとやってきます。
編んでいますか？

今年の春夏は、
「やさしいデザイン」にこだわりました。

作りやすさはもちろんだけれど、
同じものを2枚編めばできる形だったり、
覚えやすいリズミカルな地模様や増減目だったり、
やさしさ満載だと思います。
原点回帰です。

シンプルなものほど、
スワッチを大量に編んで比べたり、
ちょっとしたバランスが気になって編み直したり、
ああでもない、こうでもないを経て、でき上がるのですが、
今回も悩ましくも楽しい作業でした。
つくづくデザインと編み地を考えるのが好きなんだなと、
再確認できました。

今回は、甘くなりがちなかぎ針編み作品も多めですが、
かっこよく、カジュアルにまとめてもらいました。
すてきな写真におさまり、感無量です。

編みたいものがたくさんで、
すぐ編めて、楽しんでもらえますように。

michiyo

フォークロアポンチョ

メインは棒針編み、トリミングはかぎ針編みです。
重くなりすぎないようにコンパクトなサイズにしました。
フォークロアっぽい色づかいにしましたが、モノトーンでもすてきだと思います。

{ see page 38 }

Vネックプルオーバー

扇形を2枚編んで前後中心でつなぐと、身体にそったプルオーバーの完成です。
裾や衿ぐりになる部分もすべて一緒に編んでしまうので、トリミングもありません。
立体的なレース模様が編んでいて楽しいですよ。

{ see page 41 }

レーシーソックス

編みやすいので、何足も編んでほしいかぎ針編みソックス。
あえてつま先やかかとを切り替えず、タイツみたいにすべてを模様編みにしたので、
サンダルに合わせてもかわいいです。

{ see page 44 }

1枚編みのショートプルオーバー

袖口から反対側の袖口まで
ひたすら横編みするプルオーバーです。
肩線のケーブル模様と増減目で形になっていくので、
おもしろく編めます。
ふっくらした編み地が出るよう、
きれい色のオーガニックコットンを選びました。

{ see page 46 }

裾がぎゅっとしているカーディガン

裾のゴム編みが終わったら、一気に増し目をして身頃を広げます。
バルーンのようにふっくらとする裾の後ろ姿が新鮮です。
ボーダーでカジュアルに仕上げましたが、単色でもかわいいと思います。

{ see page 48 }

フリルのノースリーブプルオーバー
同じものを2枚編んで、
はぎ合せが前後中心となるおもしろい形です。
身頃の地模様もとにかく簡単なので、すぐ編めます。
仕上げに、前中心から拾ってフリルを編みます。
{ see page 50 }

羽根ピアス

片側だけで存在感たっぷりの、大ぶりピアス。
畝編みの凹凸や、増し目で形をなしていくのはとても楽しいです。
色や素材でいろいろ遊べますね。ピアスだけではなくペンダントトップにも。

{ see page 40 }

リブタンクトップ

ごくごくシンプルな1目ゴム編みのタンクトップ。
シンプルだからこそこだわったポイントは、減し方にあります。
機械編みでよくある減し方で、リブの編み目がきれいに減っていく方法です。

{ see page 54 }

日傘

かぎ針編みのレース日傘は見たことあるけれど、もっとカジュアルな日傘が欲しくて、
棒針で編んでみました。夏はボーダーですね。
思っていた以上に簡単で、広げたときは感動です。

{ see page 52 }

リーフ柄のチュニック
リブタンクトップを短めに編んでから、
かぎ針で作り目から輪に拾って、スカートを編み始めます。
編み下げるので、リーフ柄のきりのいい好きな長さまで編めます。

{ see page 56 }

シンプルベスト

台形のシンプルなベストは、模様を生かした減し方に工夫をしました。
深いアームホールとスリット入りで、シャツを入れたらベストとして、
タンクトップに重ねたらノースリーブトップスとしても着られる一枚です。

{ see page 58 }

ペンシルスカート

前スカートはフラットに、後ろスカートは模様を生かした増減目をして、
きれいなシルエットのペンシルスカートにしました。
重ね着仕様なので、インナーの色でも楽しんでください。

{ see page 60 }

フーディプルオーバー

かぎ針編みのレーシーなジグザグ模様のプルオーバー。
大人かわいい着丈やシルエットを考えてデザインしました。
裾や袖口にゴム編み風模様をテープ状に編んで目を拾い、身頃や袖を編み始めます。

{ see page 62 }

引抜き編みトートバッグ
テキスタイルを作るような気持ちを
味わえる編み地です。
あらかじめ空間を作っておいて、
あとから引抜き編みをしていきます。
色の組合せも、楽しく悩んでください。

{ see page 57 }

ゴム編み風クロッシェの帽子 A

1目ゴム編みと思われそうですが、実はかぎ針編みです。
トップからぐるぐると編んでいき、なれてくると楽しくてなかなか止められません。
後ろのひもでくしゅっと結んで、形を整えます。

{ see page 66 }

フレアトップス

衿ぐりから編み下げた身頃2枚の肩と脇をとじ合わせれば、完成。
同じリズムで増していくので、覚えやすく、きれいなフレアに編み上がります。
Tシャツなどに重ねてベストにしてもかわいいと思います。

{ see page 68 }

ゴム編み風クロッシェの帽子 B

29ページの帽子をアレンジしました。
縁とひもの色を変えたら、ほんのりフェミニンな雰囲気に。

{ see page 66 }

2way リボンカーディガン

シンプルな地模様を四角く編んで、幅広リボンを縫いつけました。
表目裏目だけの模様なので、編みやすいのはもちろん、
編み地が丸まることなく仕上げやすいです。

{ see page 70 }

スカラッププルオーバー

初めてウェアを編むかたにも
おすすめのプルオーバー。
増減なくシンプルな形にしたので、
模様編みに集中できます。
衿ぐりにもスカラップをそのまま生かしています。
{ see page 74 }

七宝編みバッグ
底の作り目からぐるぐる輪に編み上げていくバッグ。
通常の七宝編みだと斜行するので、少し編み方を工夫しています。
一定の長さに引き上げる難しさはありますが、模様がすてきなのでがんばれます。
{ see page 72 }

ショール
遠くで見るのと近くで見るのとでは、
表情の変わる模様のショール。
広がっては小さくなる、方眼模様のような
そうじゃないような不思議な編み方です。
トリミングのピコットは、
あとからではなく作り目で編んでいます。

{ see page 75 }

How to make

この情報は2017年3月現在のものです。入手困難な場合は、品質や仕立てを参考に、近い太さや素材の糸をお選びください。

この本で使用している糸

❖ アプリコ
　太さ──中細
　品質──綿（超長綿）100%
　仕立て──30g玉巻き（約120m）

❖ 亜麻糸《リネン》
　太さ──並太
　品質──麻（リネン）100%
　仕立て──25g玉巻き（約42m）

❖ ウオッシュコットン《クロッシェ》
　太さ──中細
　品質──綿64%、ポリエステル36%
　仕立て──25g玉巻き（約104m）

❖ ディアリネン
　太さ──合太
　品質──麻（リネン）100%
　仕立て──25g玉巻き（約112m）

❖ フラックスC
　太さ──中細
　品質──麻（リネン）82%、綿18%
　仕立て──25g玉巻き（約104m）

❖ フラックスK
　太さ──並太
　品質──麻（リネン）78%、綿22%
　仕立て──25g玉巻き（約62m）

❖ フラックスTw
　太さ──合太
　品質──麻（リネン）73%、綿27%
　仕立て──25g玉巻き（約92m）

❖ ポームベビーカラー
　太さ──並太
　品質──綿100%（ピュアオーガニックコットン）
　仕立て──25g玉巻き（約70m）

❖ マタン
　太さ──中細
　品質──麻（リネン）58%、アクリル42%
　仕立て──25g玉巻き（約120m）

フォークロアポンチョ { page 6 }

❖ 糸:ハマナカ フラックスK
   からし色 (205) 260g
   ハマナカ フラックスC
   紺 (7) 45g、からし色 (105)、コーラルレッド (110)
   各25g、白 (1) 20g
❖ 用具:4号、6号輪針 (60cm)、4/0号かぎ針
   ＊輪針で往復に編みます
❖ ゲージ:メリヤス編み 20目28段が10cm四方
❖ サイズ:身幅82cm、着丈49.5cm、ゆき丈41cm

❖ 編み方:糸は1本どり、指定の針で編みます。身頃はフラックスK、ブレード、ひも、飾りはフラックスCで編みます。
前後身頃は、4号針で指に糸をかける方法で132目作り目し、変り ゴム編みを編みます。6号針に替え、メリヤス編みを編みます。前は、56段編んだら左右に分けて編みます。ブレードは、サイドと前あきそれぞれを鎖編みで作り目し、模様編みで色を替えながら15段編み、続けて回りに細編みを1段編みます。同じものを2枚ずつ編みます。肩を引抜きはぎにし、衿あきの回りを引抜き編みで1周します。身頃にブレードをサイドと前あきそれぞれまつりつけます。ひもと飾りを編み、ひもを前あきに通してから、飾りとフリンジをつけます。

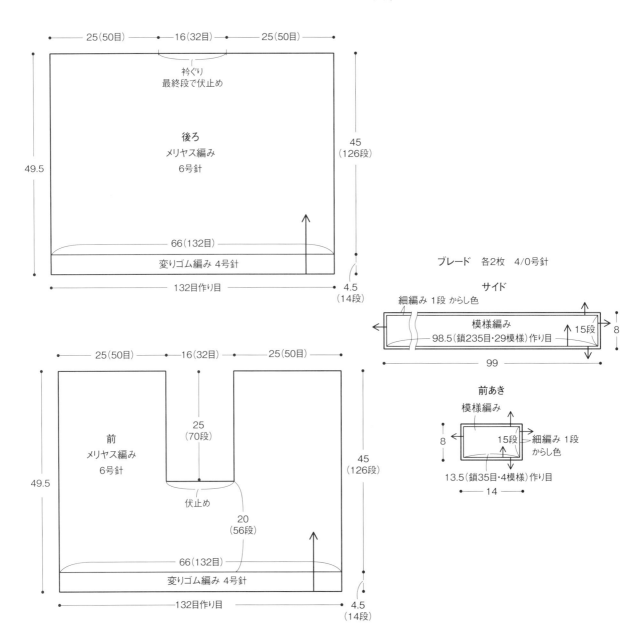

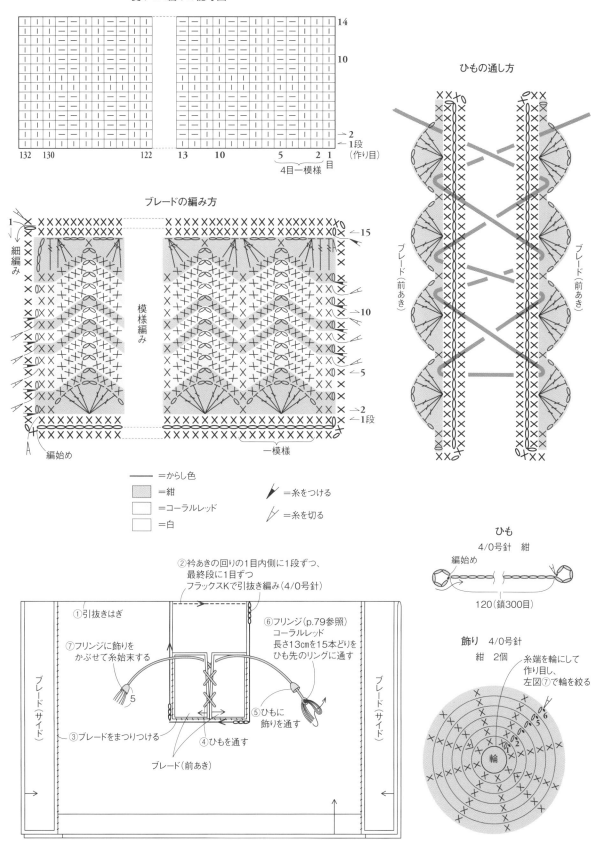

羽根ピアス { page 16,17 }

p.16 を a、p.17 を b とする

- 糸：a…ハマナカ マタン／ピンク・カーキ系（9）5g
    b…ハマナカ アプリコ／生成り（1）5g
- 用具：2/0号かぎ針
- その他：ピアス金具（U字）1個
- ゲージ：細編み　5目が1.5cm
- サイズ：図参照

- 編み方：糸は1本どりで編みます。

鎖11目作り目し、細編み、引抜き編み、鎖編みを編みます。2段めからは前段の向う側1本を拾って畝編みを編み、13段めまで往復に編みます。編終りは、鎖5目を編んで糸端を20cm残し、ピアス金具を縫いつけます。

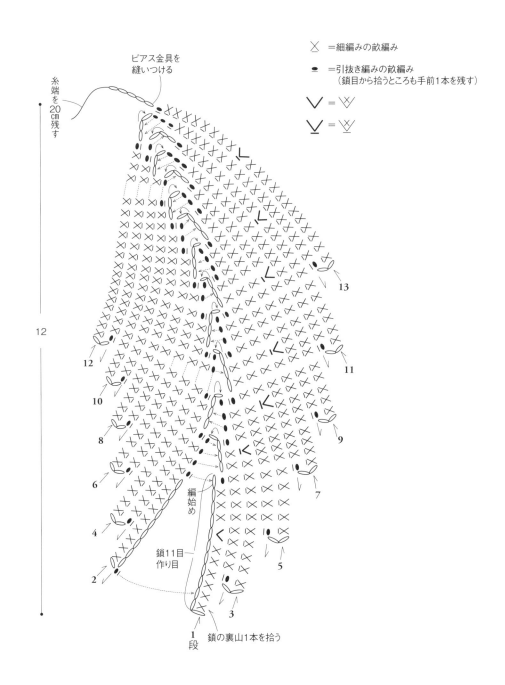

Vネックプルオーバー { page 8 }

- 糸：ハマナカ フラックスK
  ブルー（211）M／240g　L／305g
- 用具：3号、6号輪針（60cm）
  ＊輪針で往復に編みます
- ゲージ：模様編みB　25.5目29段が10cm四方
- サイズ：M／身幅48cm、着丈51cm
  L／身幅55cm、着丈56cm

- 編み方：糸は1本どり、指定の針で編みます。
身頃は、指に糸をかける方法で作り目し、3号針で模様編みAと変りゴム編みを増減なく編みます。6号針に替え、模様編みA、BでMサイズは9か所、Lサイズは10か所で増しながら編みます。3号針に替え、1目ゴム編みを増減なく8段編み、編終りは表目で伏止めにします。同じものを2枚編み、前後中央と脇を中表で巻きかがりにします。

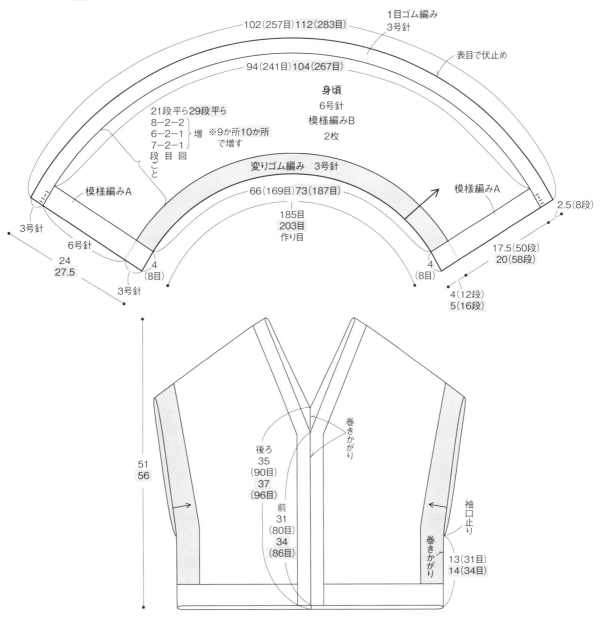

身頃の編み方

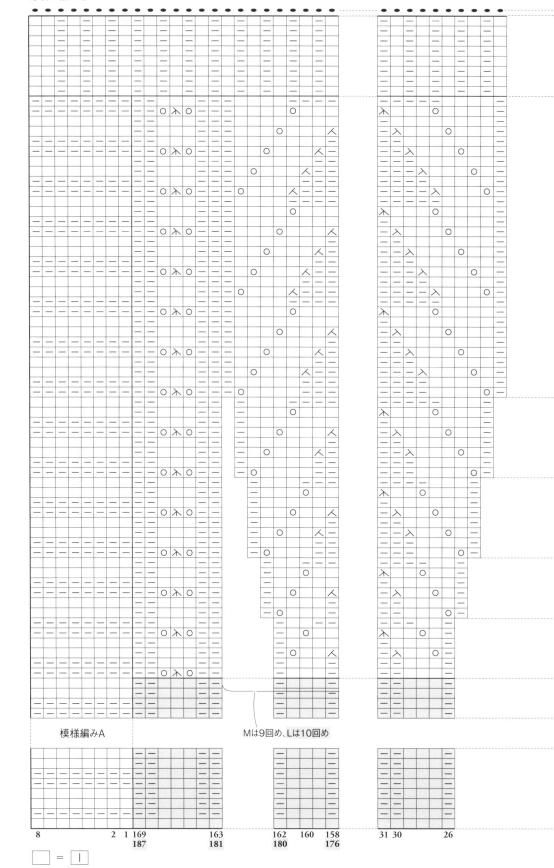

模様編みA

Mは9回め、Lは10回め

□ = |

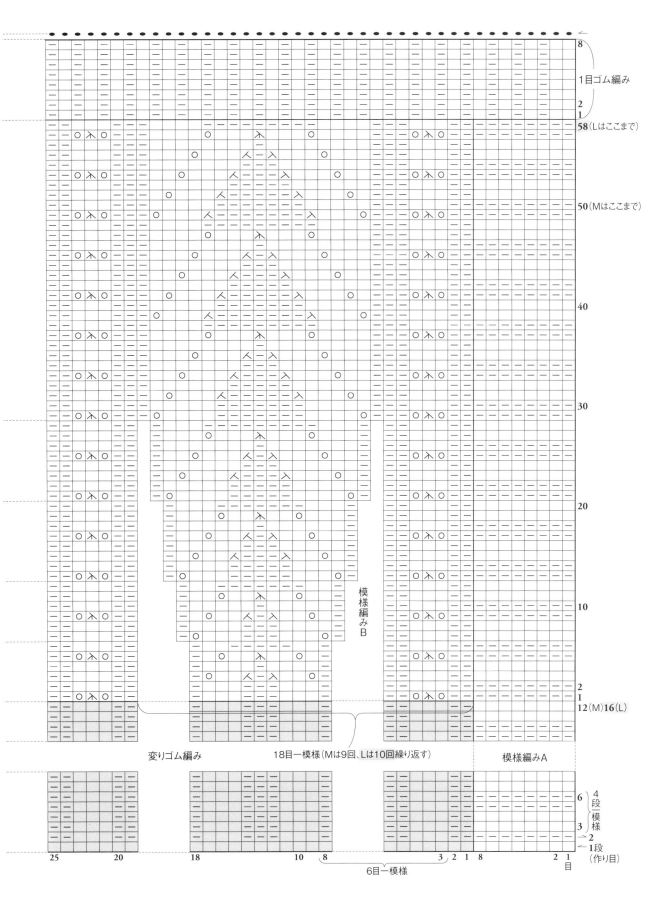

レーシーソックス { page 10 }

- ❖ 糸：ハマナカ ウオッシュコットン《クロッシェ》
  白（101）M／65g　L／70g
- ❖ 用具：3/0号かぎ針
- ❖ ゲージ：模様編み　4模様が9.5cm、16.5段が10cm
- ❖ サイズ：M／足のサイズ22〜23cm相当
  　　　　　L／足のサイズ24〜25cm相当

- ❖ 編み方：糸は1本どりで編みます。
  つま先で鎖16目作り目し、細編みを1段編みます。鎖3目で立ち上がり、甲と底を続けて模様編みで輪に編みます。かかとは、底から続けて模様編みで往復に10段編みます。足首は、かかとの側面と甲から目を拾い、模様編みで輪に編みます。同様にもう片方も編みます。

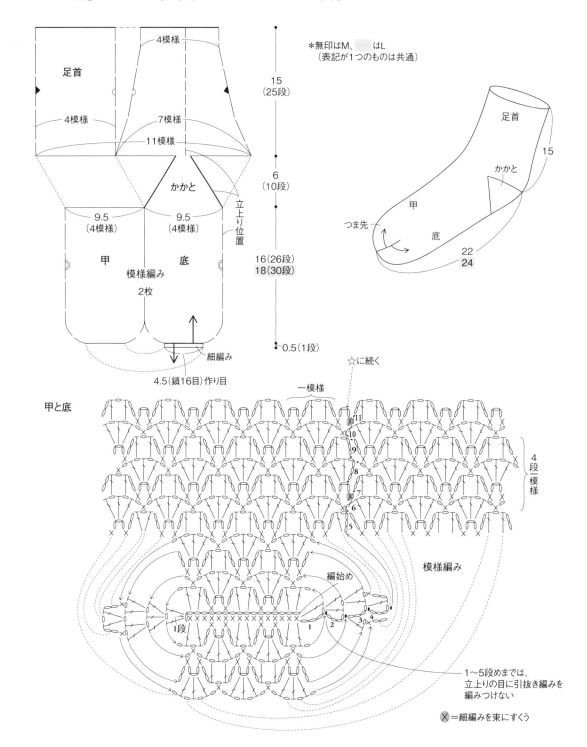

*無印はM、■はL
（表記が1つのものは共通）

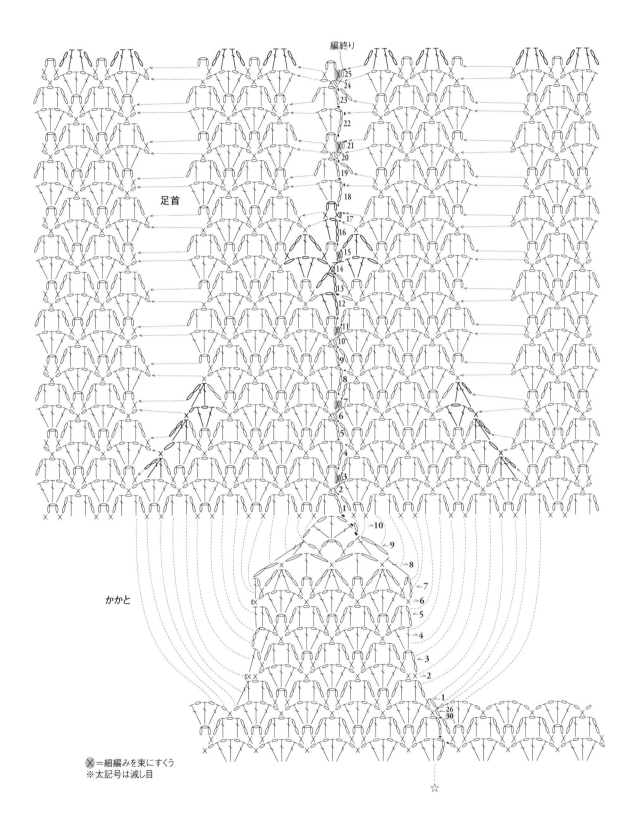

45

1枚編みのショートプルオーバー { page 11 }

❖ 糸：ハマナカ ポームベビーカラー
　　レモンイエロー（301）M／320g　L／350g
❖ 用具：6号輪針（60cm）、6/0号かぎ針
　　※輪針で往復に編みます。
❖ ゲージ：メリヤス編み、模様編みB　21目28段が10cm四方
　　　　　模様編みA　29目が8cm、28段が10cm
❖ サイズ：M／身幅48cm、着丈39.5cm、ゆき丈74cm
　　　　　L／身幅54cm、着丈43cm、ゆき丈74cm

❖ 編み方：糸は1本どり、作り目以外は6号輪針で編みます。
6/0号かぎ針で作り目し、左袖からメリヤス編みと模様編みA、Bで、メリヤス編み部分で増しながら178段編みます。続けて、衿あきをあけながら前後身頃に分けて58段編みます。さらに、後ろ身頃、別に編んだ鎖の作り目13目、前身頃の順に目を拾い、右袖までメリヤス編み部分で減らしながら178段編みます。編終りは、模様編みAで減らしながら伏止めにします。脇、袖下をすくいとじにします。

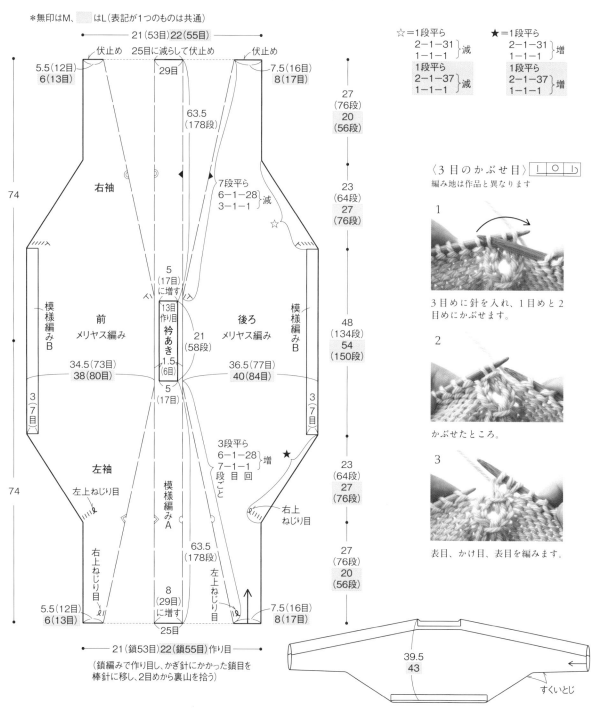

作り目と模様編み A の編み方

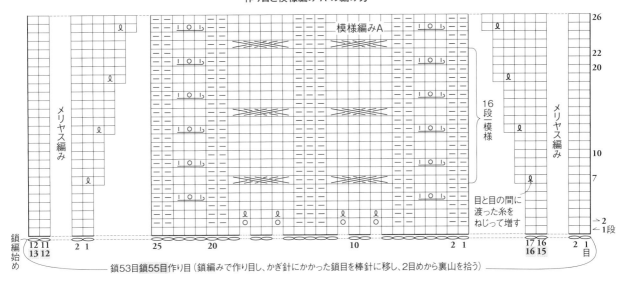

衿あきの編み方

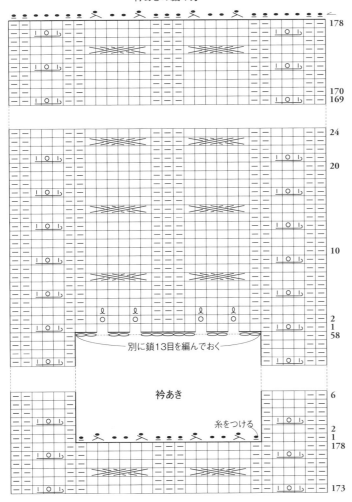

模様編みBの記号図

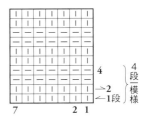

裾がぎゅっとしているカーディガン { page 12 }

❖ 糸：ハマナカ フラックス Tw
　　グリーン（704）170g、ブルー（705）55g
❖ 用具：3号、5号 2本棒針
❖ その他：直径1.2cmのボタン6個
❖ ゲージ：メリヤス編み、メリヤス編みの縞模様
　　　　　22目30段が10cm四方
❖ サイズ：身幅62cm、着丈63.5cm、ゆき丈31cm

❖ 編み方：糸は1本どり、指定の針と色で編みます。
後ろは、3号針で指に糸をかける方法で103目作り目し、1目ゴム編みを編みます。5号針に替えて1段で137目に増し、メリヤス編みの縞模様とメリヤス編みを肩を減らしながら編みます。前も同様に編みますが、前立てを編み、右前にはボタン穴をあけながら編みます。肩、脇をすくいとじにします。衿ぐりから目を拾って1目ゴム編みを編み、前段と同じ記号で伏止めにします。ボタンをつけます。

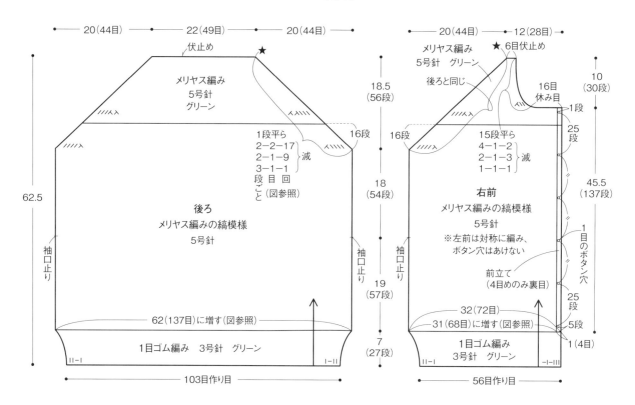

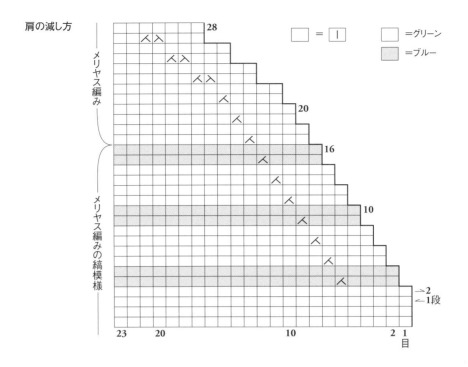

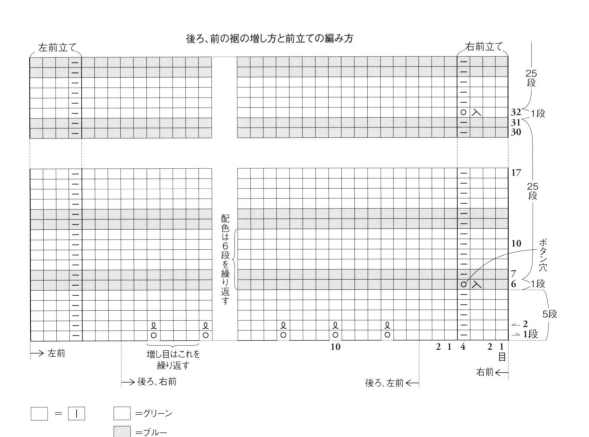

フリルのノースリーブプルオーバー { page 15 }

- ❖ 糸：ハマナカ フラックスC
  白（1）M ／ 235g　L ／ 275g
- ❖ 用具：4/0号かぎ針
- ❖ ゲージ：模様編み　35目11段が10cm四方
- ❖ サイズ：M ／身幅46cm、着丈57.5cm
  　　　　　L ／身幅53cm、着丈59.5cm

❖ 編み方：糸は1本どりで編みます。

前後身頃は、鎖1目作り目し、裾の縁編みをMサイズは40段、Lサイズは46段編みます。続けて、縁編みから目を拾って模様編みを増減なく36段編みます。袖ぐりから減らしながら前後に分けて編み、ヨークを減らしながら編みます。同じものを2枚編みます（前後の衿ぐりあき止り位置は対称にする）。肩を中表で巻きかがりはぎにし、後ろ中央を中表で鎖とじにします。前中央は外表で鎖とじにし、続けて鎖とじから目を拾い、フリルを編みます。

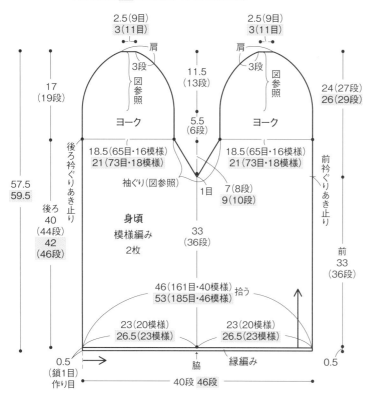

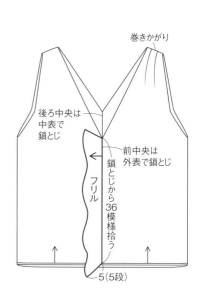

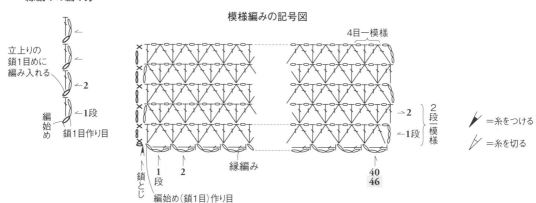

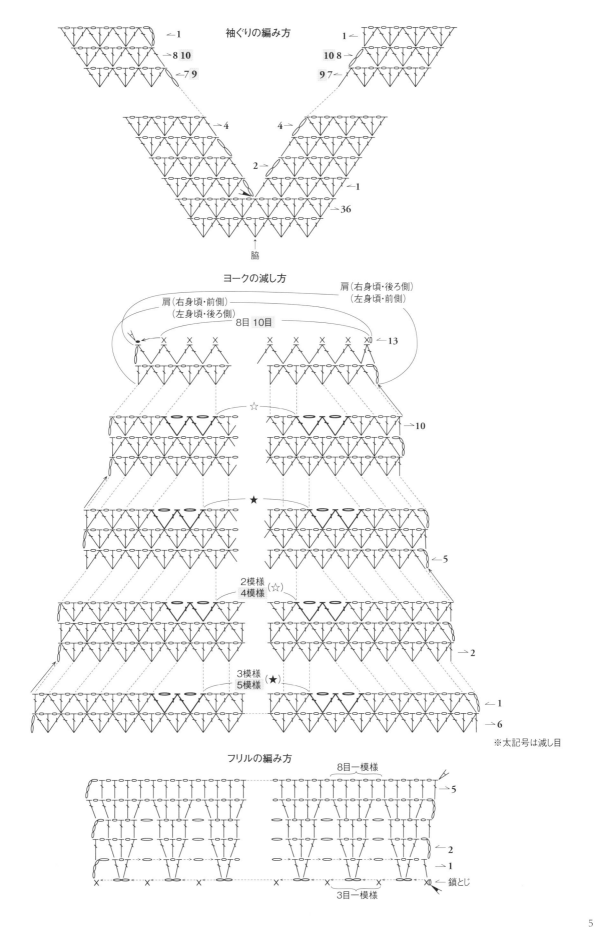

日傘 { page 19 }

- ❖ 糸：ハマナカ フラックスK
  白 (11) 140g、コーラルレッド (210) 120g
- ❖ 用具：5号4本棒針、輪針（100cm）、5/0号かぎ針
- ❖ その他：手づくり日傘キット
  （木製・バンブー持ち手 FUK-103）
- ❖ ゲージ：模様編み（メリヤス編み）22目29段が10cm四方
- ❖ サイズ：開いたときの直径 約90cm

❖ 編み方：糸は1本どり、指定の針と色で編みます。
指に糸をかける方法で16目作り目して輪にし、模様編みを8か所で増しながら編みます。押えは鎖10目作り目して輪にし、細編みで編みます。スチームアイロンで指定の寸法に伸ばし、図のように骨組みに縫いつけて仕上げます。好みでひもを編みます。

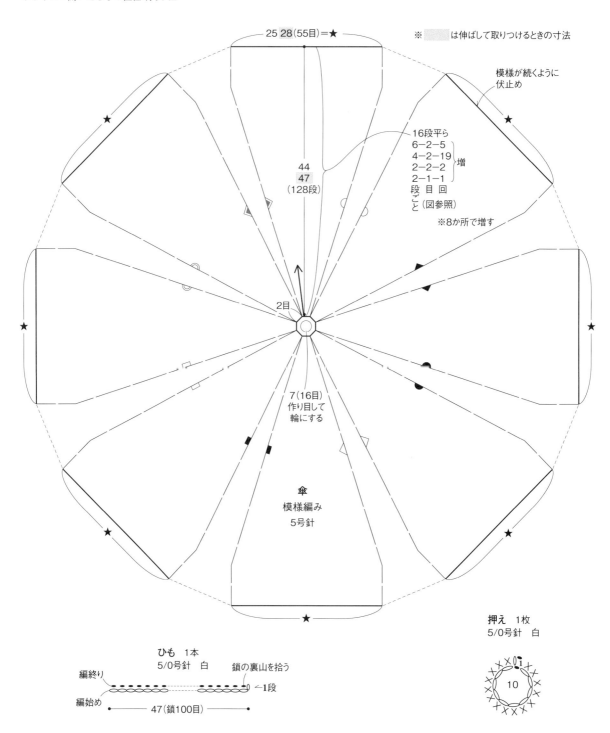

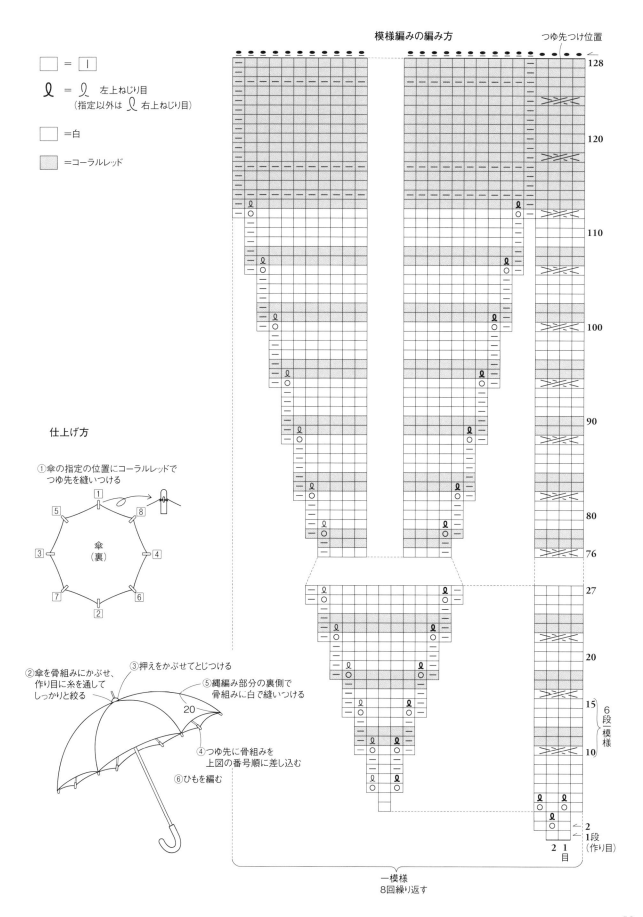

リブタンクトップ { page 18 }

- 糸：ハマナカ フラックス K
  赤（203） M／250g　L／270g
- 用具：4号2本、4本棒針
- ゲージ：1目ゴム編み　27.5目31段が10cm四方
- サイズ：M／身幅36cm、着丈63cm、背肩幅22cm
  　　　　L／身幅39cm、着丈64cm、背肩幅23cm
- 編み方：糸は1本どりで編みます。
  身頃は、指に糸をかける方法で作り目して輪にし、1目ゴム編みを増減なく128段編んで目を休めます。前後ヨークは休み目からそれぞれ目を拾い、1目ゴム編みで減らしながら往復に編み、休み目にします。肩を引抜きはぎにします。

*無印はM、　　はL（表記が1つのものは共通）

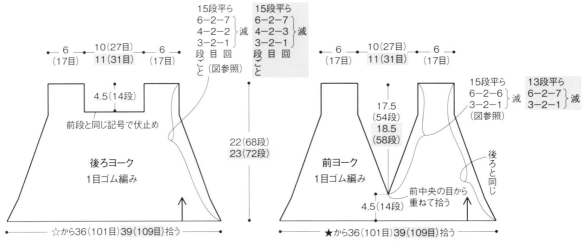

前衿ぐりの編み方

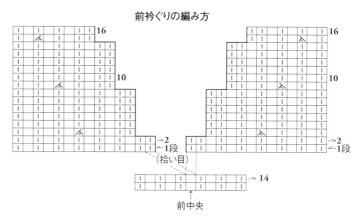

身頃、前後ヨークの編み方

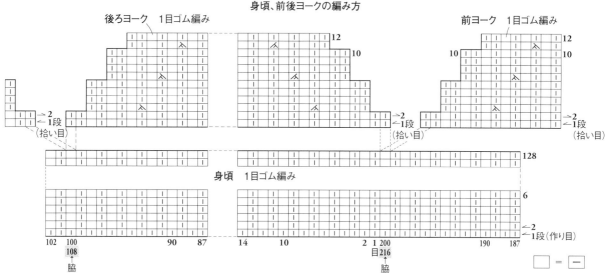

〈変り左上3目一度〉 ⋏
左端の目を上、中央の目をいちばん下に重ねて減らす方法です。

1
矢印のように右針を入れて向きを変え、2目を編まずに移します。

2
左針を矢印のように入れ、2目一度に表目で編みます。

3
1目減りました。編んだ目を左針に戻します。

4
次の目に右針を入れ、3で編んだ目（☆）にかぶせます。

5
左端の目、右端の目、中央の目の順に重なりました。右針に移します。

〈変り右上3目一度〉 ⋏
右端の目を上、中央の目をいちばん下に重ねて減らす方法です。

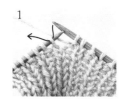
1
矢印のように右針を入れ、1目を編まずに移します。

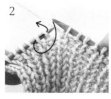
2
次の2目を一度に表目で編みます。

3
1目減りました。

4
1で移した目に針を入れ、3で編んだ目（★）にかぶせます。

5
右端の目、左端の目、中央の目の順に重なりました。

リーフ柄のチュニック { page 20 }

❖ 糸：ハマナカ フラックスC
　　　ベージュ（3）M／235g　L／255g
　　　ハマナカ　フラックスK
　　　ベージュ（13）M／85g　L／100g
❖ 用具：4号2本、4本棒針、4/0号かぎ針
❖ ゲージ：1目ゴム編み　27.5目31段が10cm四方
　　　　　模様編み　1模様が7.3cm、1模様（4段）が4cm
❖ サイズ：M／身幅36cm、着丈73cm、背肩幅22cm
　　　　　L／身幅39cm、着丈75cm、背肩幅23cm

❖ 編み方：糸は1本どり、指定の糸と針で編みます。身頃とヨークはフラックスK、スカートはフラックスCで編みます。
身頃は、指に糸をかける方法で作り目して輪にし、1目ゴム編みを増減なく編んで目を休めます。前後ヨーク（p.54参照）は休み目からそれぞれ目を拾い、1目ゴム編みで減らしながら編み、休み目にします。肩を引抜きはぎにします。スカートは、4/0号針で身頃の作り目から目を拾い、模様編みを輪に増減なく45段編みます。

*無印はM、　　はL（表記が1つのものは共通）

*前後ヨークはフラックスK（4号針）で
　p.54と同様に編む

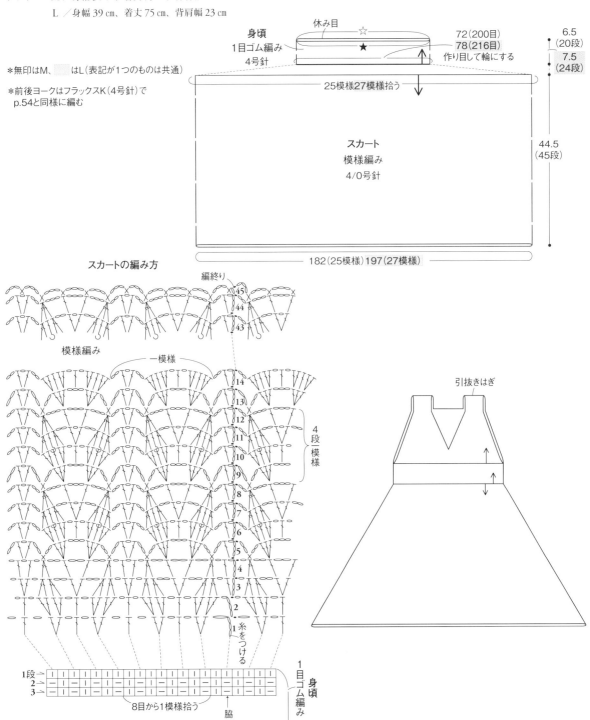

引抜き編みトートバッグ { page 27 }

- 糸：ハマナカ フラックス C
  グリーン（107）50g、白（1）25g、
  チャコールグレー（101）15g
- 用具：3/0号、5/0号、6/0号かぎ針
- ゲージ：模様編み 28目が10cm、1模様（9段）が7cm
- サイズ：幅23.5cm、深さ31.5cm

- 編み方：糸は1本どり、指定の針と色で編みます。
  側面は、3/0号針で鎖65目作り目し、模様編みを増減なく40段編みます。同じものを2枚編み、2色で引抜き編みと鎖編みを編みつけます。中表に合わせて脇と底を続けてグリーンで巻きかがりにします。入れ口に縁編みを1周編みます。持ち手は、6/0号針で鎖80目作り目し、5/0号針に替えて細編みと引抜き編みで編み、スチームアイロンで40cm弱まで伸ばしてから側面に縫いつけます。

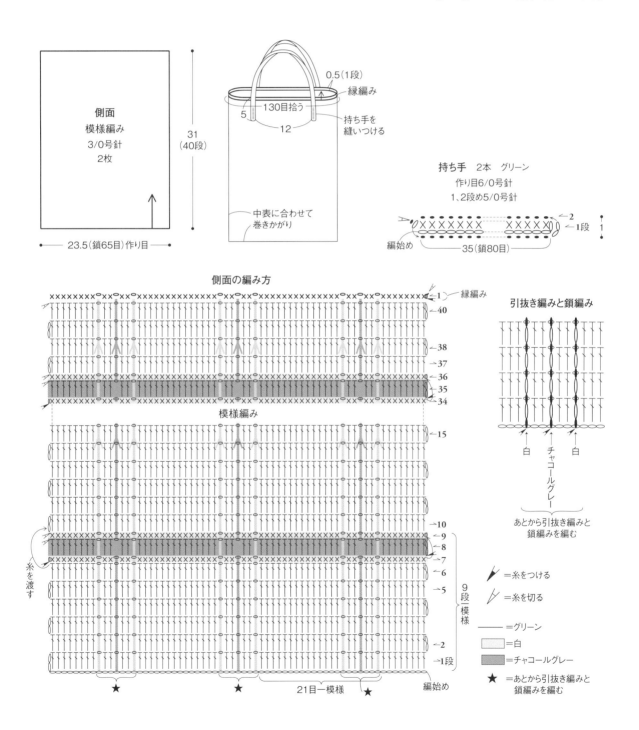

シンプルベスト { page 22 }

- 糸：ハマナカ フラックス C
  グレーベージュ（4） M／215g　L／235g
- 用具：5/0号かぎ針
- ゲージ：模様編み　28.5目10段が10cm四方
- サイズ：M／身幅42cm、着丈（後ろ丈）56.5cm、背肩幅34cm
  　　　　L／身幅45cm、着丈（後ろ丈）58.5cm、背肩幅37cm
- 編み方：糸は1本どりで編みます。

前後身頃は、それぞれ鎖1目作り目し、裾の縁編みをMサイズは31段、Lサイズは33段編みます。続けて、縁編みから目を拾って模様編みを減らしながら編みます。肩を中表で巻きかがりはぎ、脇を鎖とじにします。

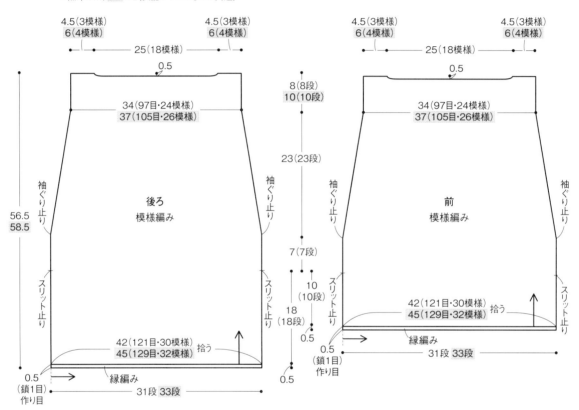

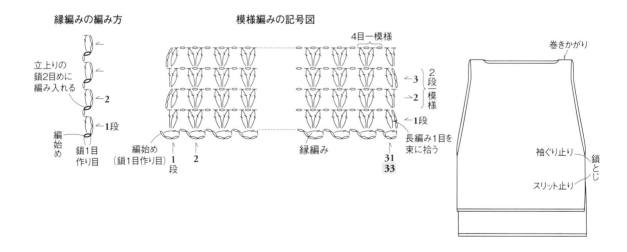

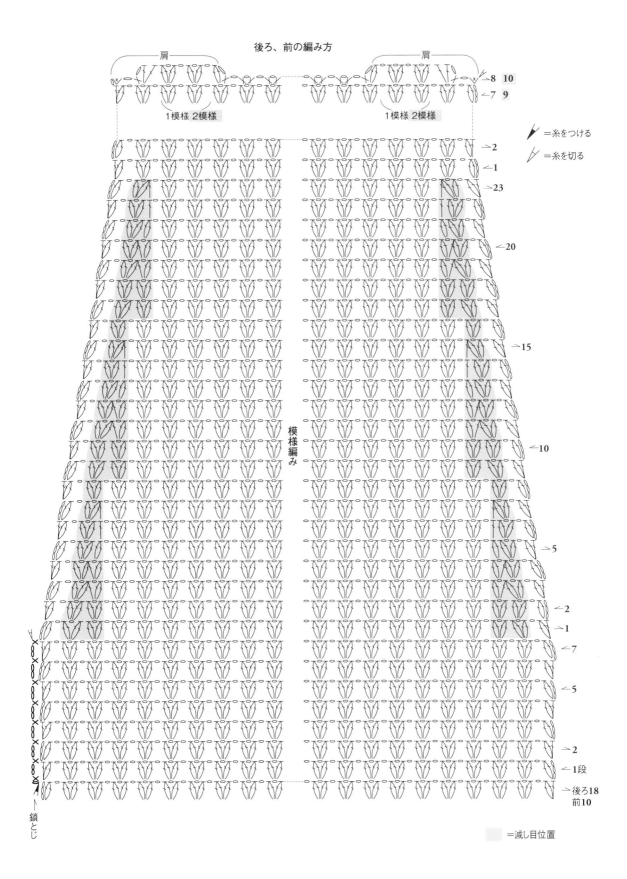

ペンシルスカート { page 24 }

- 糸：ハマナカ フラックスC
  グレーベージュ（4） M／300g　L／320g
- 用具：5/0号かぎ針
- その他：直径1.2cmのボタン 10個
- ゲージ：模様編み 28.5目10段が10cm四方
- サイズ：M／ウエスト70cm、ヒップ90.5cm、スカート丈66cm
  L／ウエスト76cm、ヒップ96cm、スカート丈66cm

- 編み方：糸は1本どりで編みます。
前後スカートは、それぞれ鎖1目作り目し、裾の縁編みをMサイズは30段、Lサイズは32段編みます。続けて、縁編みから目を拾って模様編みを編みますが、前は両端で、後ろは両端と模様の途中で増減します。持出しは、前後スカートの脇の指定位置からそれぞれ目を拾って細編みで編みますが、前にはボタン穴をあけます。脇を鎖とじにし、後ろの持出しを裏側に折ってまつります。ひもを編み、ウエスト回りに通します。後ろの持出しにボタンをつけます。

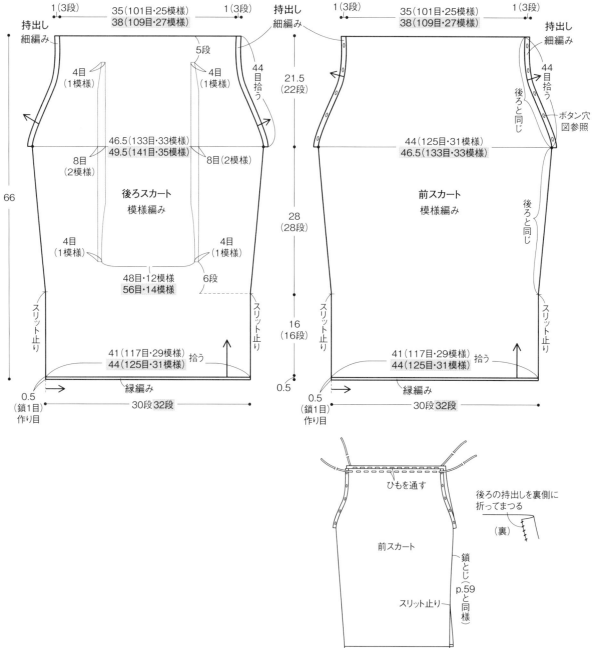

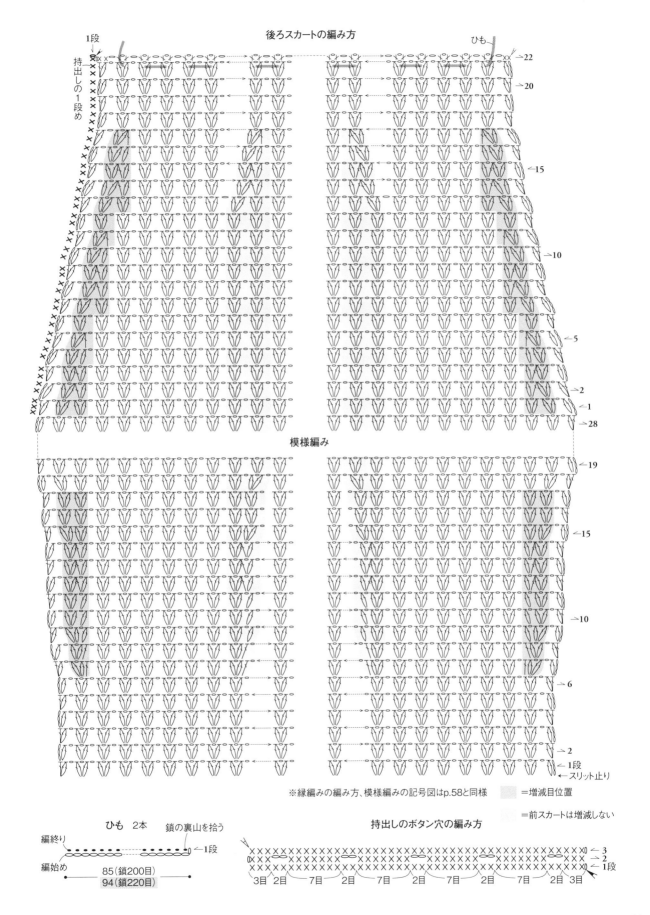

フーディプルオーバー { page 26 }

- ❖糸：ハマナカ フラックスC　ライトグレー（108）430g
- ❖用具：4/0号、5/0号かぎ針
- ❖ゲージ：模様編みB　8山16段が10cm四方
- ❖サイズ：身幅50cm、着丈54cm、ゆき丈73.5cm

❖編み方：糸は1本どり、指定の針で編みます。
前後身頃は、それぞれ5/0号針で鎖5目作り目し、模様編みAを編みます。4/0号針に替え、模様編みAから目を拾って模様編みBを増減なく編みますが、前はあき止りから左右に分けて編みます。前の編終りは糸を切らずに休めておきます。肩を鎖はぎにします。フードは、休めておいた糸で続けて身頃から目を拾って模様編みBを図の位置で増減しながら編み、編終りを二つ折りにして裏側から鎖はぎにします。前あきとフード回りに4/0号針で細編みを1段編みます。袖は、身頃と同様に模様編みA、Bで増減しながら編みます。脇と袖下をそれぞれ鎖とじにし、袖を裏を見て突合せにして巻きかがりでつけます。

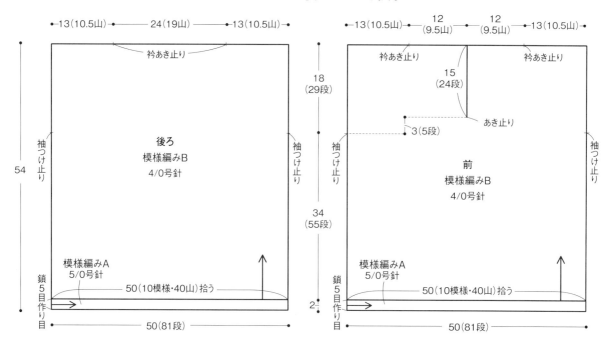

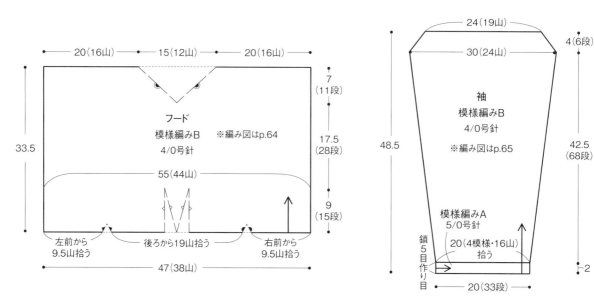

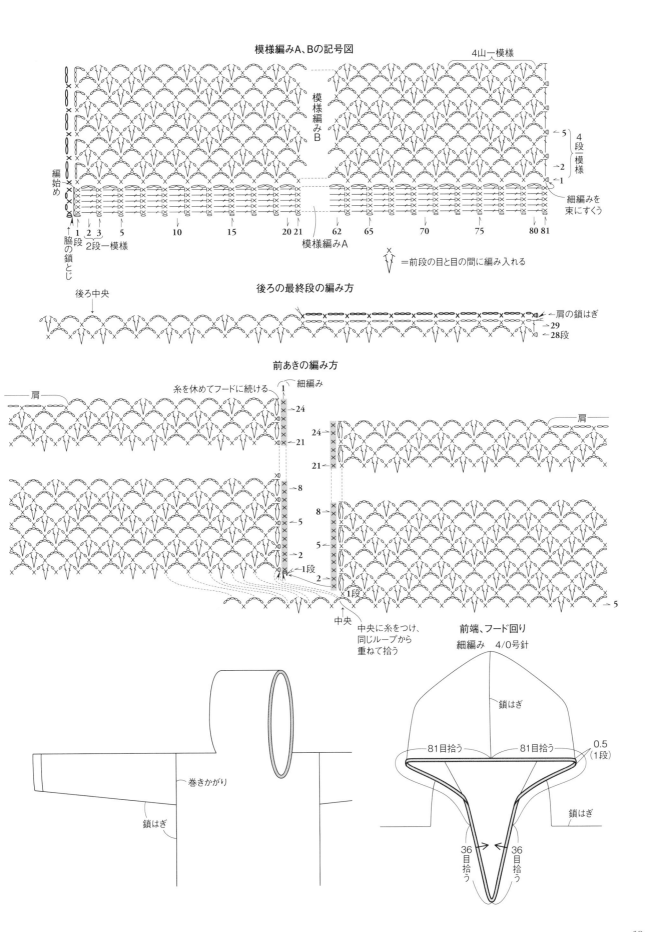

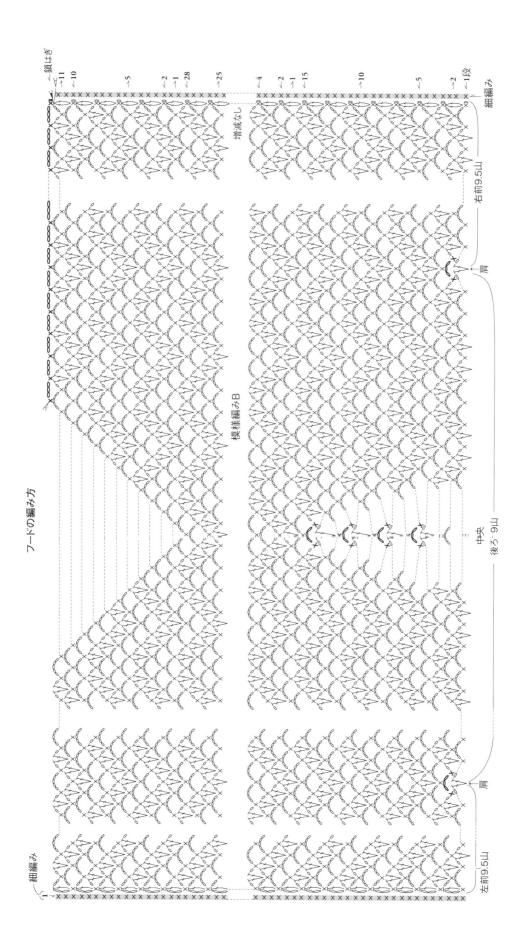

袖の編み方

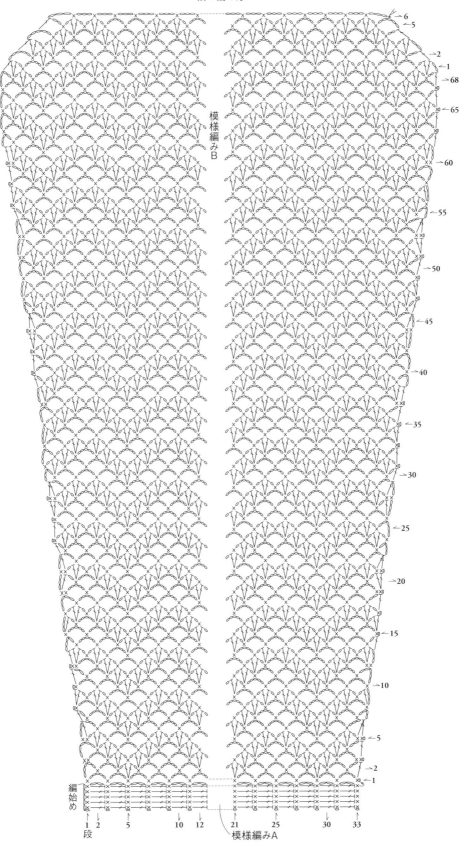

ゴム編み風クロッシェの帽子 A,B { page 29,31 }

❖ 糸：ハマナカ フラックスK
　　A インディゴ（16）100g
　　B 白（11）85g、チャコールグレー（201）15g
❖ 用具：4/0号、6/0号かぎ針
❖ ゲージ：変り中長編み　18目16段が10cm四方
❖ サイズ：頭回り53cm、深さ19.5cm

❖ 編み方：糸は1本どりで、ひもの1段以外はすべて6/0号針で編みます。
トップは、輪の作り目をして鎖2目で立ち上がって中長編みを編み入れ、変り中長編みで増しながら15段編みます。続けて、サイドを増減なく16段、ブリムを増しながら8段編みます。ひもは、6/0号針で鎖100目作り目して、4/0号針に替えて引抜き編みを編みます。指定の位置にひもを通して片蝶結びにします。

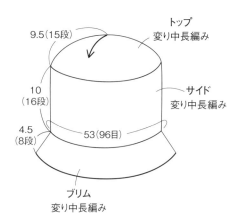

ひもの通し方

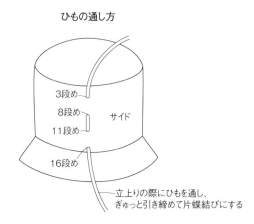

立上りの際にひもを通し、ぎゅっと引き締めて片蝶結びにする

目数と増し方

	段	目数	Bの配色
ブリム	8	136目	チャコールグレー
	7	136目（+8目）	
	6	128目	
	5	128目（+8目）	
	4	120目（+8目）	
	3	112目	
	2	112目（+8目）	
	1	104目（+8目）	
サイド	1〜16	96目	
トップ	15	96目（+8目）	白
	14	88目	
	13	88目（+8目）	
	12	80目	
	11	80目（+8目）	
	10	72目（+8目）	
	9	64目（+8目）	
	8	56目（+8目）	
	7	48目	
	6	48目（+8目）	
	5	40目（+8目）	
	4	32目（+8目）	
	3	24目（+8目）	
	2	16目（+6目）	
	1	10目	

〈変り中長編み〉
針を入れる場所が異なるだけで、編み方は中長編みです。

1. 針に糸をかけ、前段の向う側半目と足の糸1本に針を入れます。

2. 針に糸をかけ、鎖2目分の高さまで引き出します。

3. 引き出したところ。さらに針に糸をかけ、針にかかっているループを一度に引き抜きます。

4. 中長編みが編めたところ。前段が鎖目のように浮き出ます。

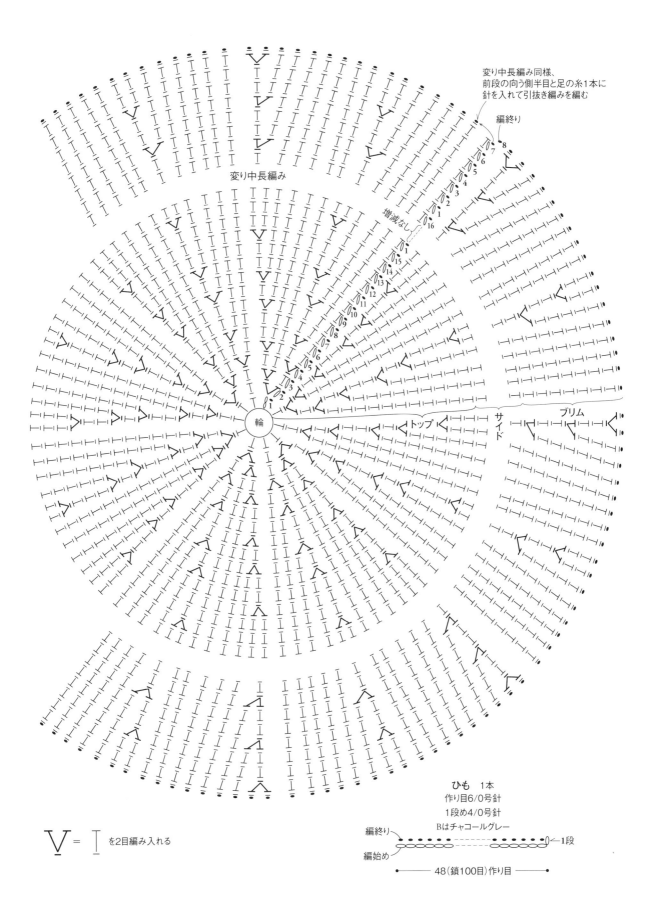

フレアトップス { page 30 }

- 糸：ハマナカ フラックス Tw
   紺（706） M／290g　L／350g
- 用具：4号2本棒針、6号輪針（80 cm）、5/0号かぎ針
   ＊輪針で往復に編みます
- ゲージ：模様編みA　21目28段が10cm四方
- サイズ：M／着丈58 cm
         L／着丈60 cm

- 編み方：糸は1本どり、指定の針で編みます。
身頃は、4号針で指に糸をかける方法で作り目し、1目ゴム編みを増減なく4段編みます。6号針に替え、模様編みAでMサイズは6か所、Lサイズは7か所で増しながら編み、模様編みBで増減なく4段編みます。編終りは5/0号針で図のように2目一度に引き抜きながら鎖編みを編みます。同じものを2枚編み、袖ぐりを残して脇と肩をそれぞれすくいとじにします。

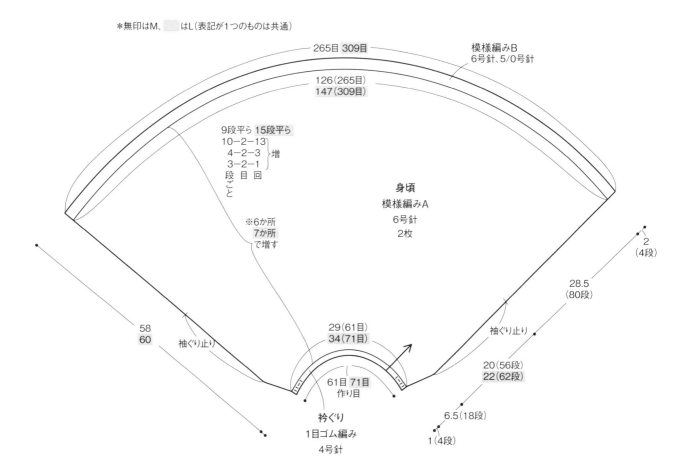

身頃の編み方

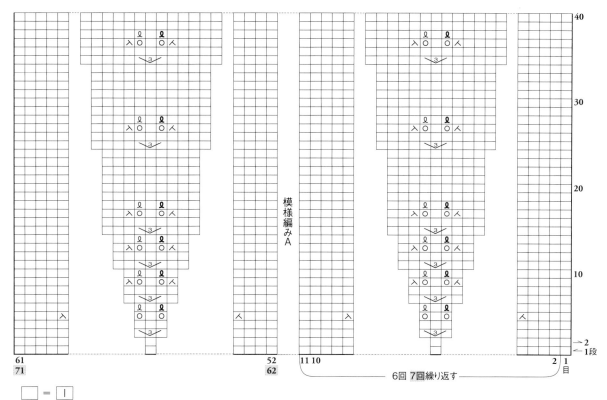

模様編みBの記号図

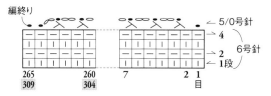

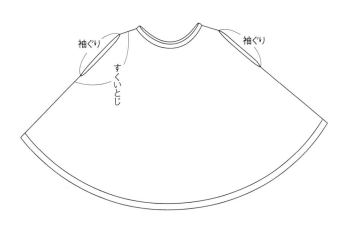

2way リボンカーディガン { page 32 }

❖ 糸：ハマナカ フラックスTw
　淡ベージュ（701）255g
❖ 用具：4号2本棒針、5/0号かぎ針
❖ その他：幅4cmのリボン 2m
❖ ゲージ：模様編み　23目37段が10cm四方
❖ サイズ：身幅55cm、着丈56cm、ゆき丈39.5cm

❖ 編み方：糸は1本どり、作り目以外は4号針で編みます。
身頃は、5/0号かぎ針で鎖128目作り目し、模様編みで増減なく170段編みます。あき止りから左右に分けて減らしながら編みます。編終りは表目で伏止めにします。袖、衿はそれぞれ身頃から目を拾い、模様編みで増減なく編み、編終りは表目で伏止めにします。脇、袖下をそれぞれすくいとじにします。リボンどめは、指に糸をかける方法で作り目してガーター編みで編み、両端を三つ折りにして縫ったリボンを重ねて縫いつけます。

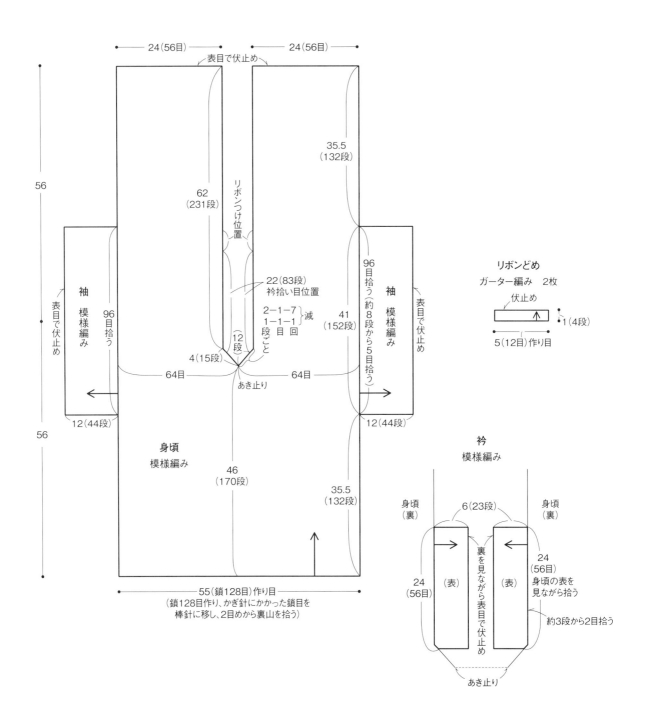

模様編みの記号図

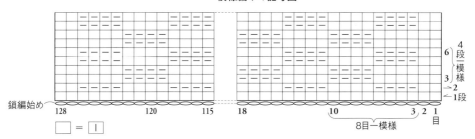

あきの編み方

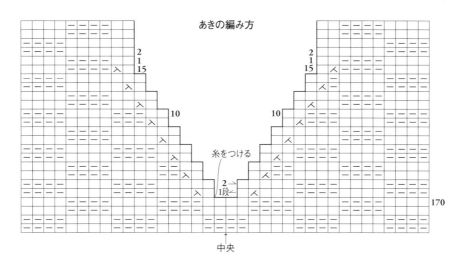

衿の編み方

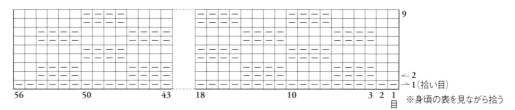

リボンどめの編み方

仕上げ方

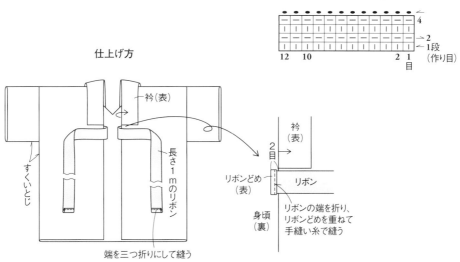

七宝編みバッグ { page 35 }

- 糸：ハマナカ 亜麻糸《リネン》
  黒（8）100g、サンドベージュ（17）45g
- 用具：3/0号、4/0号かぎ針
- ゲージ：模様編み　1模様が2cm、1模様（2段）が2cm
- サイズ：幅32cm、深さ31.5cm

- 編み方：糸は1本どり、指定の針と色で編みます。
  側面は、4/0号針で鎖61目作り目し、1段めを細編みで編みます。2段め以降は3/0号針に替え、模様編みで輪で往復に編みます。持ち手は、鎖63目作り目し、細編みの畝編みで往復に10段編み、段を巻きかがりにして輪にします。同じものを2枚作ります。持ち手の8段めの裏側を側面に巻きかがりでつけます。3/0号針でひもを編み、脇に縫いつけます。

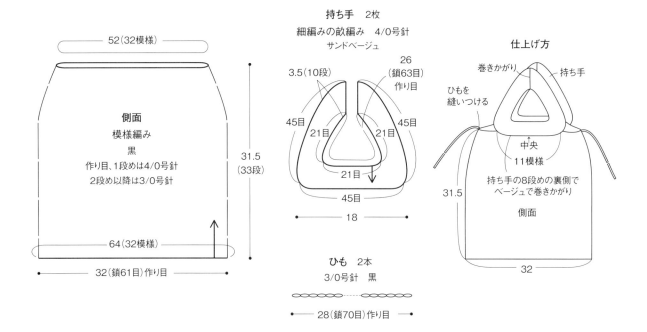

〈変り七宝編み〉
斜行しないように、細編みの一手間を加えています。

1　2段め。作り目の1目めを引き抜いたところ。

2　鎖編みを編み、そのまま1cm強引き出します。

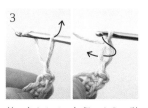

3　針に糸をかけ、矢印のように引き抜き、鎖の裏山に針を入れます。

4　細編みを編みます。✓が編めたところ。

5　そのまま1cm強引き出します。

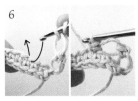

6　3〜4（左写真）と同様に編み、端から3目めに針を入れ、引き抜きます。✓が編めたところ。

7　前段が七宝編みの段も同様に編みますが、矢印のように5の細編みに針を入れて引き抜きます。

8　引き抜いたところ。

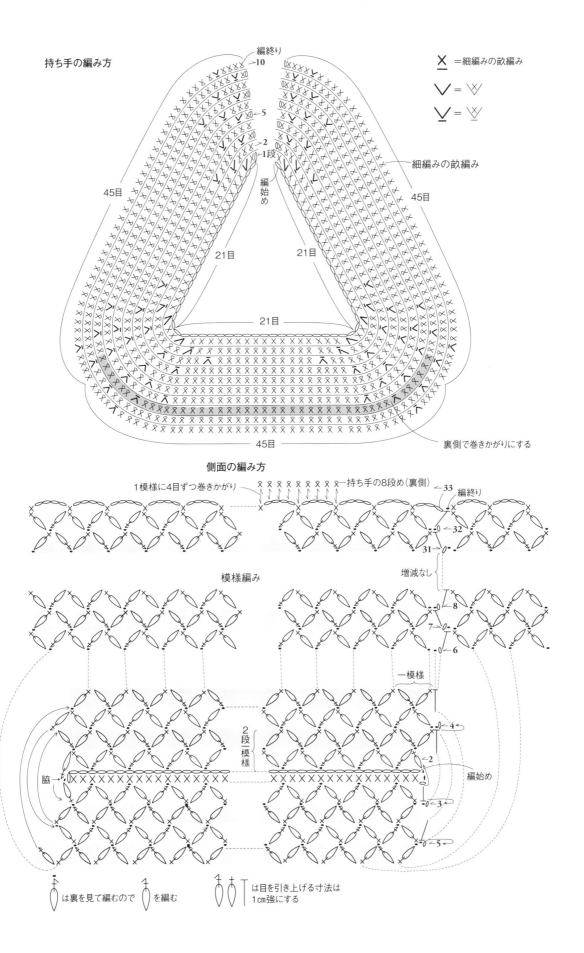

スカラッププルオーバー { page 34 }

- 糸：ハマナカ ディアリネン
  白（1）425g
- 用具：5/0号かぎ針
- ゲージ：模様編み　1模様が5cm、14.5段が10cm
- サイズ：身幅75cm、着丈56cm、ゆき丈37.5cm

- 編み方：糸は1本どりで編みます。
身頃は、鎖227目作り目し、模様編みで増減なく編みます。最終段は図のように編んで肩を平らにします。同じものを2枚編みます。肩を中表で巻きかがりはぎにし、脇を鎖とじにします。

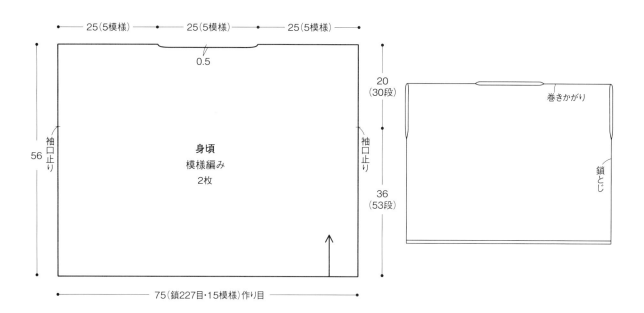

模様編みの編み方

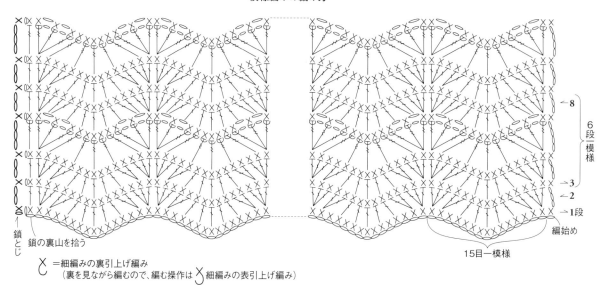

肩と衿ぐりの編み方

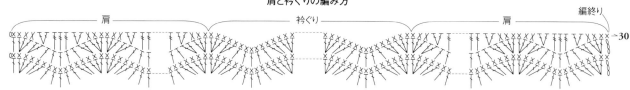

ショール { page 36 }

- 糸：ハマナカ フラックスC
  インディゴ（6）180g
- 用具：4/0号かぎ針
- ゲージ：模様編み　1模様が7cm、1模様（10段）が6.2cm
- サイズ：幅28cm、長さ160cm

- 編み方：糸は1本どりで編みます。
  鎖1目作り目し、ピコットを57山編みます。これを作り目段とします。続けて、鎖1目で立ち上がり、作り目段の引抜き編みから目を拾って模様編みを増減なく261段編みます。続けて、鎖編みを前段に引き抜きながら編みます。

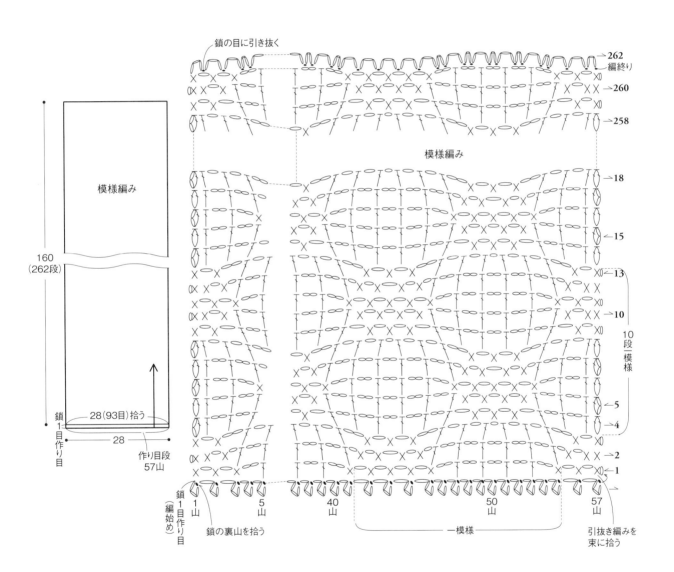

編み物の基礎＜かぎ針編み＞

［作り目］

編始めの方法

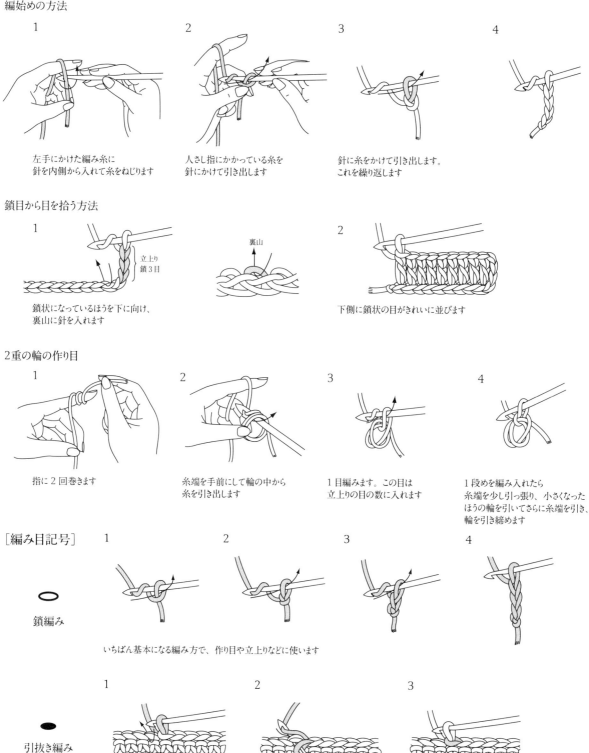

1. 左手にかけた編み糸に針を内側から入れて糸をねじります
2. 人さし指にかかっている糸を針にかけて引き出します
3. 針に糸をかけて引き出します。これを繰り返します

鎖目から目を拾う方法

1. 鎖状になっているほうを下に向け、裏山に針を入れます
2. 下側に鎖状の目がきれいに並びます

裏山

立上り鎖3目

2重の輪の作り目

1. 指に2回巻きます
2. 糸端を手前にして輪の中から糸を引き出します
3. 1目編みます。この目は立上りの目の数に入れます
4. 1段めを編み入れたら糸端を少し引っ張り、小さくなったほうの輪を引いてさらに糸端を引き、輪を引き締めます

［編み目記号］

○ 鎖編み

いちばん基本になる編み方で、作り目や立上りなどに使います

● 引抜き編み

前段の編み目に針を入れ、糸をかけて一度に引き抜きます

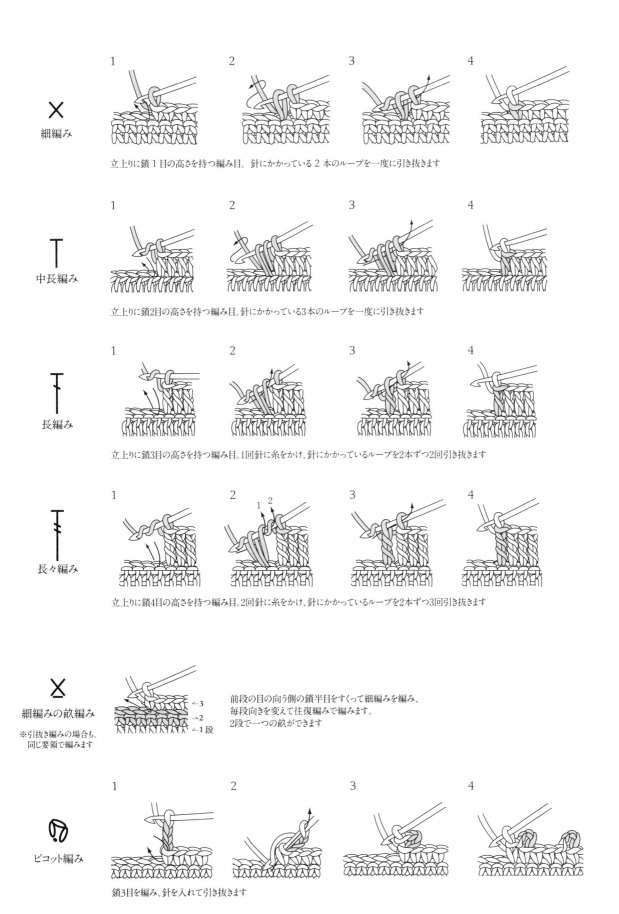

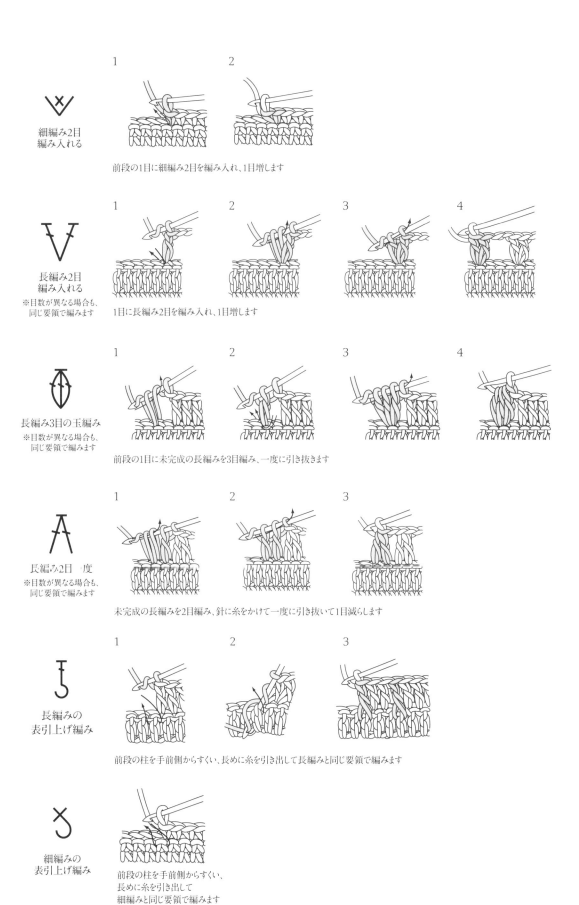

[はぎ・とじ]

鎖はぎ
※目数が異なる場合や、細編みでつなぐ場合も同じ要領で編みます

編み地を中表に合わせ、端の目に針を入れて、引抜き編み(または細編み)と鎖編みを繰り返します。鎖の目数は、表地に合わせて調節します

巻きかがりはぎ

編み地を外表または中表(作品の指示に従う)に合わせ、鎖目の頭全目をすくって巻きかがりにします

引抜きはぎ

1 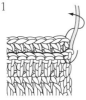　2 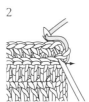　3 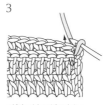　4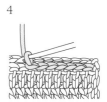

編み地を中表に合わせ、端の目に針を手前側から入れます　　糸を引き出します　　両側の目の頭をすくい、1目ごとに引抜き編みを編みます　　編み地の目がずれないように、引抜き編みがきつくならないように注意します

鎖とじ
※目数が異なる場合や、細編みでつなぐ場合も同じ要領で編みます

1 　2 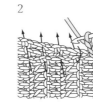　3 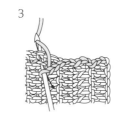　4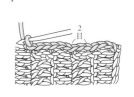

編み地を中表に合わせて針を入れ、鎖2目を編み、段の頭の目を割って針を入れて、引抜き編み(または細編み)を編みます

巻きかがりとじ

1 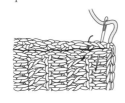　2 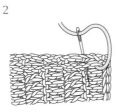　3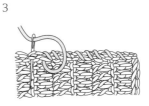

編み地を中表に合わせてとじ針を入れ、1針ごとにややきつめに糸を引き締めます。段の変わり目は必ずすくいます

[フリンジのつけ方]

1 　2

つけ位置にかぎ針を裏側から入れ、半分に折った糸をかけ、矢印のように引き抜きます　　輪の中から糸を引き出し、余分をカットします

編み物の基礎＜棒針編み＞

［製図の見方］

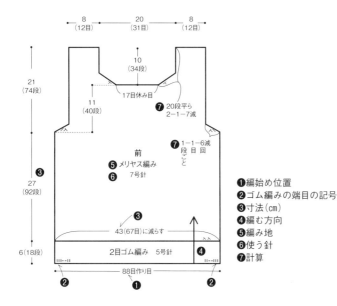
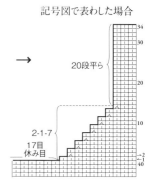

❶編み始め位置
❷ゴム編みの端目の記号
❸寸法(cm)
❹編む方向
❺編み地
❻使う針
❼計算

❼計算
20段平ら
2-1-7減
段 目 回
　　ごと

増す場合は減し方と
同じ要領で減し目を
増し目に変えます

記号図で表わした場合

［作り目］　指に糸をかけて目を作る方法

1
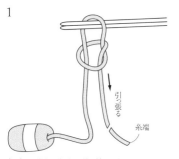

糸端から編む寸法の約3倍の長さのところで
輪を作り、棒針をそろえて輪の中に通します

2
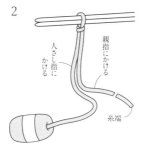

輪を引き締めます

3
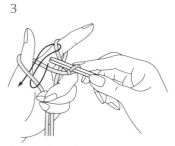

短いほうを左手の親指に、糸玉のほうを人さし指に
かけ、右手は輪のところを押さえながら棒針を持ち
ます。親指にかかっている糸を図のようにすくいます

4
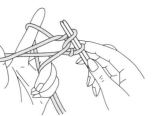

すくい終わったところ

5

親指にかかっている糸をはずし、その下側
をかけ直しながら結び目を締めます

6
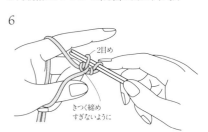

親指と人さし指を最初の形にします。
3～6を繰り返します

7

必要目数を作ります。
これを表目1段と数えます

8

2本の棒針から1本を抜き、
糸のある側から2段めを編みます

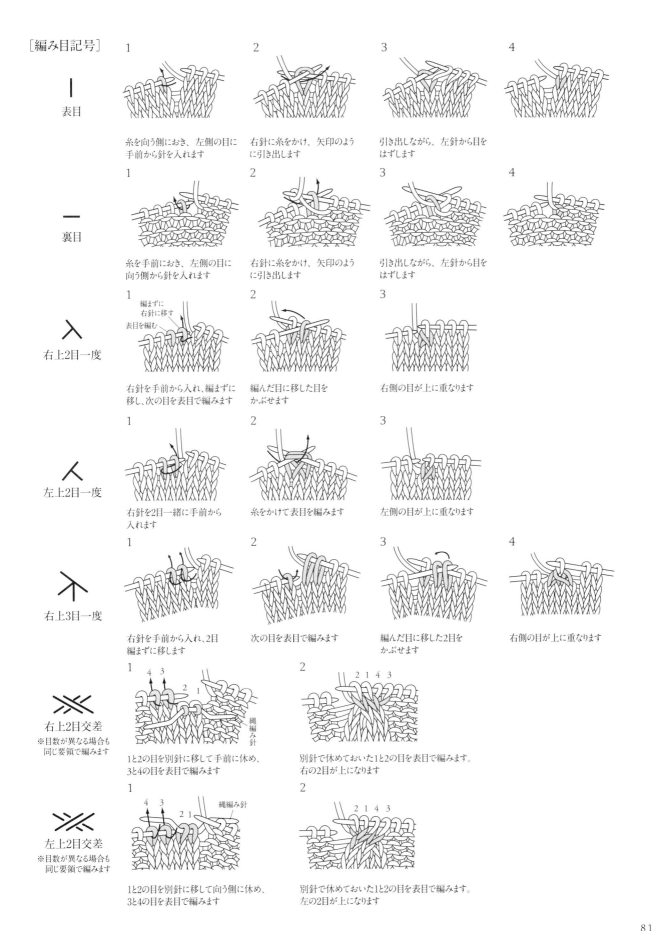

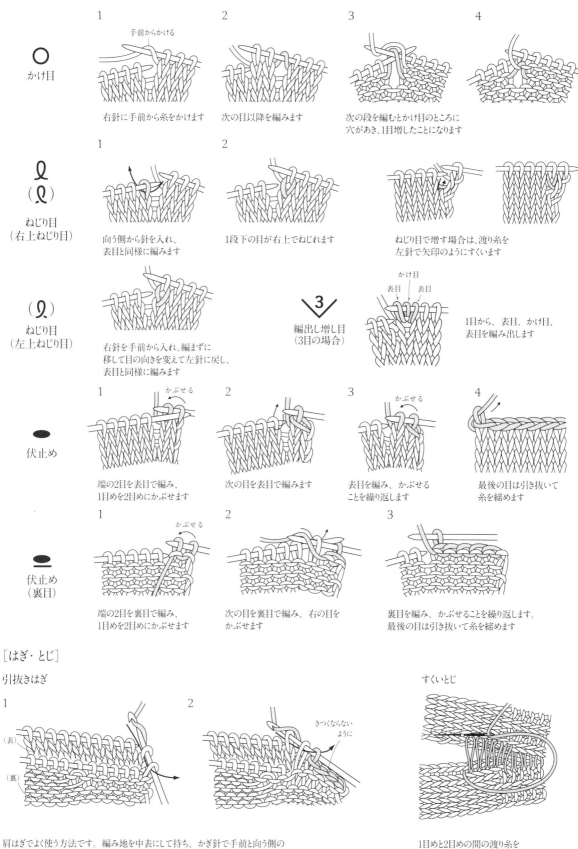

編み地見本
この本に掲載している作品の編み地の見本の一部を紹介しています。編むときの参考にしてください。

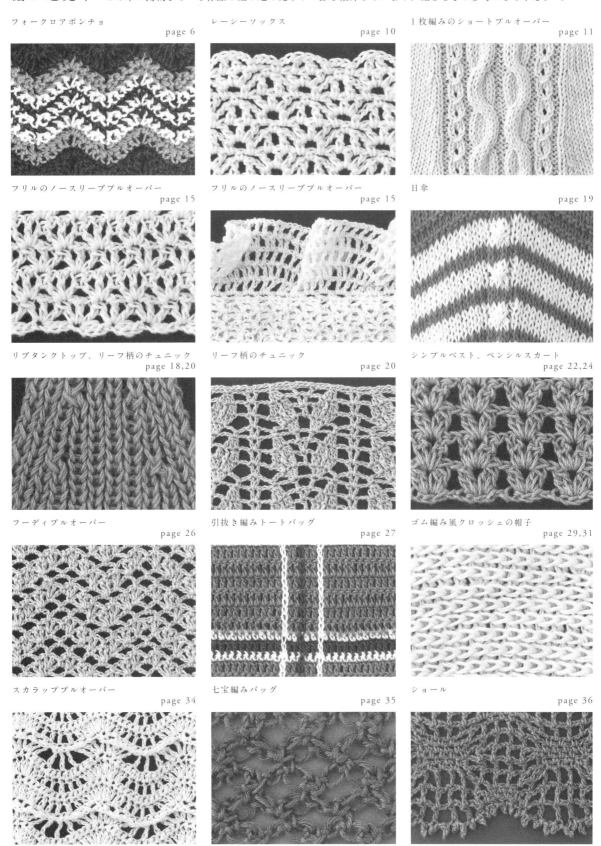

フォークロアポンチョ page 6
レーシーソックス page 10
1枚編みのショートプルオーバー page 11

フリルのノースリーブプルオーバー page 15
フリルのノースリーブプルオーバー page 15
日傘 page 19

リブタンクトップ、リーフ柄のチュニック page 18,20
リーフ柄のチュニック page 20
シンプルベスト、ペンシルスカート page 22,24

フーディプルオーバー page 26
引抜き編みトートバッグ page 27
ゴム編み風クロッシェの帽子 page 29,31

スカラッププルオーバー page 34
七宝編みバッグ page 35
ショール page 36

michiyo

アパレル・ニットの企画開発に携わった後、1998年よりベビーとキッズのニット製作から、作家としての創作活動をスタート。トレンドをとらえたデザイン性の高さと編みやすさに定評がある。著書に『ニットのふだん着』シリーズ、『育てるニット』『編みやすくてかわいいベビーニット』『手編みのベビーシューズ』『ベビーと小さな子どものための手編み』(すべて文化出版局)などがある。
ホームページ　http://michiyo.mabooo.boo.jp

ブックデザイン	MARTY inc.
撮影	加藤新作
	安田如水（プロセス、p.83／文化出版局）
スタイリング	荻野玲子
ヘア＆メイク	村上 綾
モデル	安藤ニコ
製作協力	飯島裕子　岡野まりも　霜田節子
	谷口弘恵（かぶ）　遠山美沙子　野波ゑみ子
トレース	大楽里美
DTP	文化フォトタイプ
校閲	向井雅子
編集	三角紗綾子（文化出版局）

この本の作品はハマナカ手芸手あみ糸、ハマナカアミアミ手あみ針を使用しています。
糸、材料についてのお問合せは下記へお願いします。

ハマナカ
京都本社　〒616-8585　京都市右京区花園薮ノ下町2-3　TEL.075-463-5151
ホームページ http://www.hamanaka.co.jp　Eメール info@hamanaka.co.jp

[副資材協力]

フクサン　TEL. 0774-66-3524　　　http://www.sankakuya.net
(p.19の手作り日傘キット)

[衣装協力]

掲載のアイテムは時期によっては、完売もしくは売切れになる場合があります。
ご了承いただきますよう、お願い致します。

BUCOLIC&FROLIC　TEL. 03-5794-3553
(p.11のスカート／miusa、p.24、25の中に履いたペティコート／SOIL、p.25のシャツ／Vas-y Lentement、p.26、27のキルトスカート／O'NEIL OF DUBLIN、p.30のパンツ／ARMEN)

maison de soil 恵比寿店　TEL. 03-5773-5536
(p.12、18のパンツ)

olgou　TEL.03-3463-0509
(p.33のオールインワン、p.36のシャツ)

verandah　TEL.03-6450-6572
(p.6のデニムパンツ、p.15のパンツ、p.25のスカーフ)

やさしく編めてきれいに見える
ニットのふだん着

2017年3月19日　第1刷発行
2022年5月25日　第2刷発行

著　者	michiyo
発行者	濱田勝宏
発行所	学校法人文化学園　文化出版局
	〒151-8524　東京都渋谷区代々木3-22-1
	TEL. 03-3299-2487（編集）
	TEL. 03-3299-2540（営業）
印刷・製本所	株式会社文化カラー印刷

©michiyo 2017　Printed in Japan
本書の写真、カット及び内容の無断転載を禁じます。

・本書のコピー、スキャン、デジタル化等の無断複製は著作権法上での例外を除き、禁じられています。
　本書を代行業者等の第三者に依頼してスキャンやデジタル化することは、たとえ個人や家庭内での利用でも著作権法違反になります。
・本書で紹介した作品の全部または一部を商品化、複製頒布、及びコンクールなどの応募作品として出品することは禁じられています。
・撮影状況や印刷により、作品の色は実物と多少異なる場合があります。ご了承ください。

文化出版局のホームページ　https://books.bunka.ac.jp/